予約のとれない料理教室

LIKE
LIKE
KITCHEN

ライクライクキッチンの食後のデザート 小堀紀代美

文化出版局

contents

★計量単位は、1カップ＝200mℓ、
　大さじ1＝15mℓ、小さじ1＝5mℓです。
★オーブンは、電気オーブンを使っています。
　温度と焼き時間は目安です。
　熱源や機種によって多少差があるので、
　様子をみながら加減してください。

はじめに

「甘いもの」、食後にちょっと食べたくなりますよね。
デザートは別腹なんて言ったりしますが、ほんの一口でもあるとうれしいものです。

料理教室「LIKE LIKE KITCHEN」では、レッスンのあとは料理をゆっくりとご試食いただき、そして最後に必ず「おまけのデザート」をお出ししています。

レッスンのあとに食べることを想定して、その日のメニューの流れに合ったものを作っているのですが、いつも気にかけていることは「重すぎないこと」。
お茶の時間のお菓子よりも軽めを心がけています。
また、ひとり分ずつ作るというよりも、あまり形にとらわれず、人数が多少変動してもいいようにホールタイプの型やバットなどで大きく作って、切り分けたりスプーンですくって取り分けたりもしています。

コーヒーや紅茶などと甘いものを召し上がっていただきながら、その日、気になったことなどのご質問を受けたりお話ししたり。その合い間に、「おまけのデザート」の作り方をテキストをもとに説明もします。こちらは「おまけ」なので、できるだけ「読むだけで作れる」くらい簡単で、気軽に作れるものにしています。
また、思い立ってすぐに作れるように、レシピに細かな工夫もしています。バターはやわらかくしたり練ったりする手間や時間をかけずに、とかしバターで作れるように。材料を順番に混ぜて焼くだけでおいしくできるように、などです。

生徒さんからは、「簡単でおいしくできました！」という声や、「夫がチーズケーキを作ってくれるんですよ」「娘がピーナッツバターのアイスが好きで自分で作っています」などの声もいただいています。

家で作って食べるお菓子は、すぐ作れておいしいのが一番！　だけど、やっぱり小さなポイントがあったりします。この本では、作り方の手順をていねいに撮影して、ふだんの教室ではご紹介していない「おまけのデザート」の初公開レッスンとなる1冊になりました。
ページをめくって気分に合ったものを見つけたら、気軽に作ってくだされればうれしいです。

小堀紀代美

「LIKE LIKE KITCHEN おまけのデザート」
初公開レッスンへようこそ！
さっそく「冷たいデザート」から
スタートしましょう。

冷たい
デザート

真っ赤に熟したいちごで作るルビー色のゼリーは
ほんのりシナモン風味。
真っ白のヨーグルトクリームをのせて、華やかなデザートに。

いちごのゼリーとヨーグルトクリーム

材料(15×20×高さ4cmの容器1台分)

いちご　300g

グラニュー糖　80g

レモン果汁　大さじ½

白ワイン　大さじ2

水　200ml

シナモンスティック　1本

粉ゼラチン　10g

ヨーグルトクリーム

　ヨーグルト(無糖)　400g

　生クリーム(乳脂肪分45%)　50ml

　グラニュー糖　30g

下準備

＊粉ゼラチンは水50mlに入れてふやかす
(a)。

1　いちごはヘタを取り、大きければ縦半
分に切り、仕上げ用に少しとりおく。鍋に
入れ、グラニュー糖、レモン果汁、白ワイ
ンを加えてからめ、フォークで刺すように
して果汁を出す(b)。

2　水、シナモンスティックを加えて中火
にかけ、ひと煮立ちさせてあくを取り、火
を止める。5分ほどおいたらシナモンステ
ィックを除き、ゼラチンを加え(c)、混ぜ
て溶かす。

3　鍋底を氷水に当てて混ぜながら冷まし
(d)、バットに入れ、冷蔵庫で冷やし固める。

4　ヨーグルトクリームを作る。大きめの
マグカップなどにざるをのせ、ペーパータ
オルをのせてヨーグルトを入れ、1時間以
上おいて水きりする。生クリームとグラニ
ュー糖を加えてなめらかになるまで混ぜる。

5　グラスに3のゼリーを盛り、ヨーグル
トクリームをのせ、とりおいたいちごを飾る。

a　　　　　b　　　　　c　　　　　d

9

ワインゼリーは
スターアニスとローズマリーの香りを効かせた大人味。
オレンジマリネとブルーベリーとともに器に盛り、
デザートに仕立てます。

白ワインのスパイスゼリー

材料(作りやすい分量)

白ワイン　200㎖

水　300㎖

グラニュー糖　50g

スターアニス　1個

ローズマリー　1本

粉ゼラチン　10g

オレンジマリネ

オレンジ　2個

ブルーベリー　60g

グラニュー糖　小さじ2

キルシュ酒またはコアントロー
　小さじ2

レモン果汁　小さじ2

ローズマリー　少々

下準備

★粉ゼラチンは水50㎖に入れてふやかす。

1　鍋に白ワイン、水、グラニュー糖、スターアニス、ローズマリーを入れて火にかけ(a)、ひと煮立ちさせて火を止める。粗熱が取れたらゼラチンを加え、混ぜて溶かす。

2　鍋底を氷水に当てて混ぜながら冷まし、バットに入れ(b)、冷蔵庫で冷やし固める。

3　オレンジマリネを作る。オレンジは天地を切り落とし、白いワタの部分ごと皮をむき、実と薄皮の間に包丁で切り込みを入れ、実だけを切り出す。ブルーベリーと一緒にボウルなどに入れ、グラニュー糖、キルシュ酒、レモン果汁、ローズマリーを加えて混ぜ、冷蔵庫で冷やす(c)。

4　食べる直前に**2**のゼリーをスプーンやフォークでかき取り(d)、オレンジマリネとともに器に盛る。

a

b

c

d

冷凍のミックスベリーで作るから、とっても簡単。
甘みは、グラニュー糖とはちみつのダブル使いで、
コクと風味のある味わいに。
大きめの器で作っておくと人数が増えても大丈夫。

ミックスベリーのゼリー

材料(5〜6人分)

冷凍ミックスベリー　400g

グラニュー糖　80g

はちみつ　大さじ4

レモン果汁　小さじ2

水　600㎖

ワイン(あれば。白、赤、ロゼなんでも可)
　大さじ2

粉ゼラチン　15g

レモンの輪切り　2枚

下準備

★粉ゼラチンは水75㎖に入れてふやかす。

1　鍋にグラニュー糖、はちみつ、レモン果汁、水、ワインを入れ、沸騰させないようにしながらグラニュー糖が溶けるまで温め、ゼラチンを加えてゴムべらなどで溶けるまでよく混ぜ(a)、火を止める。

2　ミックスベリーを冷凍のまま一気に加え(b)、レモンの輪切りを入れ、ミックスベリーを解凍させながら冷めるまで混ぜる。あくが浮いたら取り除く(c)。

3　大きめの器に注ぎ入れ、冷蔵庫で冷やし固める。

4　器に取り分けていただく。

a

b

c

材料(容量80mℓのゼリー型4個分)

グレープフルーツ	2個
粉ゼラチン	6g
グラニュー糖	30g (果汁の15%程度)

下準備

★粉ゼラチンは水30mℓに入れてふやかす。

1　グレープフルーツ1個は横半分に切って果汁をしぼる。

2　残り1個は天地を切り落とし、白いワタの部分ごと皮をむく。バットの上で果汁を受けながら、実と薄皮の間に包丁で切り込みを入れ、実だけを切り出す(a)。房に残っている果汁はバットの上でギュッとしぼる。

3　1のしぼり汁と2のバットに残った果汁を合わせて計量し、約200mℓにする。

4　鍋に3とグラニュー糖を入れて中火にかけ、ひと煮立ちさせて火を止める。粗熱が取れたらゼラチンを加え、混ぜて溶かす。鍋底を氷水に当てて混ぜながら冷ます。

5　ゼリー型に2の実を食べやすい大きさに切って入れ、4を流し入れ、冷蔵庫で冷やし固める。器にひっくり返して盛る。

a

フレッシュグレープフルーツゼリー

材料はいたってシンプル、
加える砂糖は果汁の15%程度がいい感じ。
フルーツのおいしさをそのままいただく、
フレッシュ感たっぷりのゼリーです。

材料(容量80mlのグラス6個分)

コーヒーゼリー

コーヒー豆(好みのもの)　60g

湯　600ml

粉ゼラチン　12g

ガムシロップ　適量

生クリーム(乳脂肪分45%)　適量

ラム酒(ホワイトまたはダーク)　適量

下準備

★粉ゼラチンは水60mlに入れてふやかす。

★コーヒー豆はひき、湯600mlを使って濃いめのコーヒーをいれ、500ml用意する。ひきたてを使うと香りがよい。

1　大きな計量カップにいれたてのコーヒーを入れ、ゼラチンを加えて泡立て器などで混ぜて溶かす(a)。

2　計量カップの底を氷水に当てて混ぜながら冷まし(b)、グラスに流し入れ、冷蔵庫で冷やし固める。

3　ガムシロップ、生クリームをかけ、好みでラム酒を加える。

コーヒーゼリー

コーヒーは甘みを加えずに苦めのゼリーに仕上げ、
ガムシロップと生クリームをかけて
混ぜながらいただくスタイル。

a

b

牛乳と生クリームを2対1で合わせた、
軽い食べ心地のパンナコッタ。
カモミールの香りとはちみつの甘み、
このバランスが絶妙です。
パンナコッタはイタリアのスイーツなので、
イタリア献立のときに登場します。

カモミールハニーパンナコッタ

材料(容量250㎖のグラス４個分)

カモミール(フラワー)	10g
牛乳	400㎖
生クリーム(乳脂肪分45%)	200㎖
はちみつ	70g
粉ゼラチン	5g
レモンの輪切り	１枚

下準備

★粉ゼラチンは水30㎖に入れてふやかす。

1 鍋に牛乳とカモミールを入れ、弱火にかけて煮出す(**a**)。沸騰直前で火から下ろし、そのまま５分ほどおく(**b**)。

2 別の鍋の上にこし器を置き、**1**をスプーンの背などでギューッと押しつけながらこす(**c**)。苦いくらいで風味が残る。

3 ゼラチン、はちみつ(**d**)、生クリームを順に加え、その都度よく混ぜる。

4 鍋底を氷水に当てて混ぜながら冷やし、とろみがついてきたらグラスに注ぎ入れ、冷蔵庫で冷やし固める。

5 固まったら、レモンの輪切りを４等分に切ってのせる。

a

b

c

d

苦めのコーヒーをしみ込ませたフィンガービスケット、
仕上げにふったたっぷりのココアパウダーで、
ビターなおいしさを演出。

ティラミス

材料(直径15×高さ7cmの容器1台分)

マスカルポーネチーズ　250g

生クリーム(乳脂肪分45%)　150㎖

卵黄(卵白をしっかり除く)　3個分

グラニュー糖　30g

コーヒー液

　　湯　300㎖

　　インスタントコーヒー　大さじ3

フィンガービスケット　20〜24本

ココアパウダー(無糖)　適量

1　ボウルに卵黄とグラニュー糖を入れ、ハンドミキサーでやや白っぽくなるまで混ぜる。

2　マスカルポーネチーズと生クリームを加え、もったりとするまで混ぜ合わせる(a)。

3　バットにコーヒー液の材料を入れて溶き混ぜ、フィンガービスケットの½量を適量ずつ入れて両面浸し、容器に敷き詰める(b)。**2**の½量をのせてゴムべらでならす。同様にこの作業をもう1回くり返す(c)。

4　冷蔵庫で3〜4時間冷やす。

5　ココアパウダーを茶こしでたっぷりとふる(d)。

a

b

c

d

いちじくのティラミス

いちじくマリネ、はちみつレモンシロップで作る、コーヒーなしのティラミス。
いちじくの代わりに、プラム、メロンなどで作っても。デザートは
しっかり食べたい人、少しだけ食べたい人がいるから、サイズ違いで作っても。

材料(グラス大小取り混ぜて8個分)

マスカルポーネチーズ　250g

生クリーム(乳脂肪分45%)　150㎖

卵黄(卵白をしっかり除く)　3個分

グラニュー糖　30g

いちじくマリネ

　いちじく　2〜3個

　ローズマリー　1本

　はちみつ　大さじ1

　レモン果汁　大さじ½

レモンはちみつシロップ

　湯　150㎖

　はちみつ　大さじ1½

　レモン果汁　大さじ1

フィンガービスケット　20本

いちじく　2個

粉糖　適量

粗びき黒こしょう　少々

1　いちじくマリネを作る。いちじくは皮つきのまま、縦八つ割りにし、小さく切る。ボウルに入れ、ローズマリー、はちみつ、レモン果汁を加えて混ぜ(**a**)、15〜20分マリネする。

2　ボウルに卵黄とグラニュー糖を入れ、ハンドミキサーでやや白っぽくなるまで混ぜる。マスカルポーネチーズと生クリームを加え、もったりとするまで混ぜ合わせる。使うまで冷蔵庫で冷やす。

3　バットにレモンはちみつシロップの材料を入れて溶き混ぜ、**1**のマリネの汁を加えて混ぜる(**b**)。

4　フィンガービスケットをグラスに入る長さに折って**3**に浸し、グラスに適量ずつ入れる(**c**)。**2**を適量ずつのせ、いちじくマリネを適量ずつのせる(**d**)。さらに**2**を適量ずつのせ、冷蔵庫で3〜4時間冷やす。

5　粉糖を茶こしでふり、縦六つ割りにしたいちじくをさらに半分に切って飾り、粗びき黒こしょうをふる。

a

b

c

d

シナモンとカルダモンが香る白ワインシロップが、おいしさの秘密。
バナナとパイナップルは必須、あとは季節の
フルーツを入れれば一年中楽しめるし、
どんな献立のときにも使えるデザートになります。

フルーツポンチ

材料(作りやすい分量)

パイナップル ¼個	
キウイフルーツ 1個	
ぶどう(色が違うもの2種) 合わせて½房	
バナナ 1本	
りんご ½個	
レモン果汁 大さじ1	

白ワインシロップ

水 200㎖	
白ワイン 150㎖	
グラニュー糖 80g	
シナモンスティック ½～1本	
カルダモンシード 7～8粒	
レモン果汁 大さじ1	

ミントの葉 適量

1 パイナップルは食べやすい大きさに切り、キウイフルーツは皮をむいて7～8㎜厚さの半月切りにする。ぶどうは1粒ごとに分ける。

2 バナナは皮をむいて1cm幅に切り、りんごはくし形に切って種と芯を除き、薄切りにする。バナナとりんごにレモン果汁をかけておく。

3 鍋にレモン果汁以外の白ワインシロップの材料を入れて火にかけ(a)、ひと煮立ちしたら火を止める。粗熱が取れたらレモン果汁を加える。

4 器にすべてのフルーツを入れ、3を加え(b)、冷蔵庫で冷やす。

5 食べる直前にミントの葉を散らす。

a

b

材料（作りやすい分量）

フルーツのメープルマリネ

いちじく　2～3個

ラズベリー　1パック

カルダモンパウダー　小さじ⅔

タイム　4～5本

メープルシロップ　大さじ2

赤ワインビネガー　小さじ1

マスカルポーネチーズ　200g

1　フルーツのメープルマリネを作る。いちじくは皮つきのまま、縦八つ割りにし、ボウルに入れる。

2　ラズベリー、カルダモンパウダー、タイム、メープルシロップ、赤ワインビネガーを加えて混ぜ（a）、15分以上マリネする。

3　器にマスカルポーネチーズをおいてスプーンの背などで丸く広げ、その上に2を盛る。

フルーツのメープルマリネとマスカルポーネ

メープルシロップと赤ワインビネガー、
スパイスでマリネしたフルーツはそれだけでも美味ですが、
&マスカルポーネでひと皿デザートに仕立てます。
桃やいちご、ブルーベリーなどを使っても。

a

材料（4人分）	
小玉すいか	¼個(600g)
粗塩　適量	
ヨーグルト(無糖)　75g	
グラノーラ(市販)　30g	
バニラアイスクリーム(市販)　適量	
ホイップクリーム	
生クリーム(乳脂肪分45%)　100mℓ	
グラニュー糖　大さじ½	
ピンクペッパー　少々	

1　すいかはくし形に切り、飾り用に1cm厚さに切ったものを4枚とりおき、残りは皮を除いて2.5cm角に切り、フォークでできるだけ種を取り除く。

2　ホイップクリームを作る。ボウルに生クリームとグラニュー糖を入れ、ボウルの底を氷水に当てながら泡立て器で角がしっかり立つまで泡立てる。

3　縦長のグラスにすいかを3〜4片ずつ入れ、塩ひとつまみをふる。ヨーグルト大さじ1強、グラノーラ¼量を入れ、残りのすいかを¼量ずつのせ、塩ひとつまみをふる。

4　ホイップクリームを星口金をつけた絞り袋に入れ、すいかの上に絞り出し、バニラアイスクリームをのせる。さらにホイップクリームを絞ってピンクペッパーを散らし、飾り用のすいかを添える。

すいかのミニパフェ

甘くてジューシーなすいかに
グラノーラやバニラアイスを
取り合わせて夏のデザートに。
すいかには塩をパラリとふるのが
小堀流です。

クリームチーズ入りセミフレッド

材料(16×8×高さ7cmのパウンド型1台分)

クリームチーズ　150g

はちみつ　50g

レモン果汁　大さじ1

レモンの皮のすりおろし　1個分

アマレット(またはラム酒、コアントロー)
　大さじ1

生クリーム(乳脂肪分45%)　200㎖

ドライフルーツ(レーズン、いちじく、クラン
　ベリー)　合わせて50g

ミックスナッツ　50g(このうち15gはピ
　スタチオ)

下準備

★クリームチーズは室温に戻す。

★ドライフルーツ、ミックスナッツは刻む。

★型にオーブンシートを敷き込む。型の
底面と側面に合わせて軽く折り目をつけ、
四隅を折り込んで型に入れる(a)。

1　ボウルにクリームチーズ、はちみつを
入れて泡立て器で混ぜ、なめらかになった
らレモン果汁、レモンの皮のすりおろし、
アマレットを入れてさらに混ぜる。

2　生クリームを加え、ハンドミキサーで
線が残るくらいまでよく泡立てる(b)。

3　ドライフルーツとナッツを加えてゴム
べらで混ぜる(c)。

4　型に入れて表面をならし(d)、冷凍庫
で半日ほど冷やし固める。

5　固まったら型から出してオーブンシー
トをはずし、好きな大きさに切り分ける。

a

b

c

d

ナッツとドライフルーツを混ぜ込んだ、クリームチーズのアイスケーキ。
空気をたくさん含ませて凍らせるので、思いのほか、軽い口どけです。

27

ヨーグルトと生クリームを2対1で混ぜると
クリーミーなのにすっきり。
ピーナッツバターとコンデンスミルクを入れた、
コクのある味わいが魅力です。
ちょっぴりエキゾチックなので、
エスニック料理のデザートに。

ピーナッツバターヨーグルトアイス

材料(作りやすい分量)

ピーナッツバター(粒あり)	80g
コンデンスミルク	120g
ヨーグルト(無糖)	200g
生クリーム(乳脂肪分45%)	100㎖
ブルーベリージャム	50g

1 ボウルにピーナッツバターとコンデンスミルクを入れ、泡立て器でよく混ぜる(a)。

2 ヨーグルトと生クリームを1に加え、むらなく混ぜる(b)。

3 ブルーベリージャムの½量を加えて軽く混ぜる(c)。

4 3を保存容器やバットに流し入れ、残りのブルーベリージャムをスプーンでところどころに少しずつ落とす(d)。冷凍庫で半日ほど冷やし固める。

5 固まったらアイスクリームディッシャーなどでかき取り、冷やしておいた器に盛る。

a

b

c

d

マンゴーアイスキャンディー

材料(作りやすい分量)

マンゴージュース(果汁100%)	200㎖
ヨーグルト(無糖)	200g
コンデンスミルク	120g

1　ボウルにコンデンスミルクとヨーグルトを入れて泡立て器で混ぜ、マンゴージュースを加えて混ぜ合わせる(a)。

2　バットの上に製氷皿を置き、1を注ぎ入れる(b)。

3　アルミホイルをかぶせ、少し切り込みを入れてプラスチックのミニフォークやアイス棒を立てる(c)。冷凍庫で半日ほど冷やし固める。

4　固まったらアルミホイルをはずし(d)、アイスキャンディーを製氷皿から取り出す。

a　　　　b　　　　c　　　　d

マンゴージュース、ヨーグルト、
コンデンスミルクの組み合わせが最高！
ポンと口に入るミニサイズだから、つい手が伸びてしまいます。

甘みはパイナップルの甘さと甘酒だけなので
さっぱりとした味わい。
パイナップルマリネをトッピングして、
味にボリュームを出します。

32

甘酒豆乳パインシャーベット

材料(作りやすい分量)

パイナップル(完熟)　400g(正味)

甘酒　400mℓ

豆乳(成分無調整)　200mℓ

パイナップルマリネ

　パイナップル(完熟)　100g(正味)

　グラニュー糖　大さじ1

　レモン果汁　小さじ½

1　パイナップルは薄切りにしてからみじん切りにし、包丁でたたく(a)。

2　1のパイナップルとまな板に残った果汁をボウルに入れ、甘酒、豆乳を入れ、よく混ぜる(b)。

3　保存容器またはバットに流し入れ、冷凍庫で半日ほど冷やし固める。

4　パイナップルマリネを作る。パイナップルはみじん切りにして包丁でたたく。ボウルに入れ、グラニュー糖、レモン果汁を加えて混ぜ(c)、グラニュー糖が溶けてなじんだら、冷蔵庫に入れて冷やしておく。

5　シャーベットが固まったらフォークなどでかき取り(d)、器に盛り、パイナップルマリネをのせる。

a

b

c

d

「クグロフ型で作るココナッツミルク寒天と
レモンカードの取り合わせが新鮮！」と人気のデザート。
ココナッツミルク、牛乳、水を同割で合わせるのが、
黄金比です。

ココナッツミルク寒天

材料（直径15cmのクグロフ型または容量
　650mlの容器1台分）

ココナッツミルク　200ml

牛乳　200ml

水　200ml

粉寒天　4g

グラニュー糖　50g

レモンカード（作りやすい分量）

　卵　1個

　卵黄　2個分

　グラニュー糖　100g

　レモン果汁　80ml

　バター（食塩不使用）　50g

下準備

★牛乳は室温に戻す。

★レモンカードのバターは2～3cm角に
切る。

1　鍋に水と粉寒天を入れ（a）、泡立て器で
混ぜる。中火にかけて混ぜ続け、沸騰した
ら弱火にし、混ぜながら2～3分煮立てる。

2　ココナッツミルク（b）、牛乳、グラニ
ュー糖を加え、なめらかになるまで混ぜ、
混ぜながら再び沸騰させる（c）。

3　火を止め、混ぜながら粗熱を取り、上
に浮いた泡を取り除く。水でぬらした型に
流し入れ、冷蔵庫で冷やし固める。

4　レモンカードを作る。鍋に卵と卵黄を
入れ、グラニュー糖を加えて泡立て器でよ
く混ぜる。

5　4を弱火にかけ、混ぜながら4～5分
煮、レモン果汁を加えてさらに2～3分煮
て、線が残るくらいまでとろみをつける
（d）。火を止め、バターを加えてとかしな
がら混ぜる。

6　3が固まったら型から取り出して器に
のせる。切り分けて器に盛り、レモンカー
ド、ミントの葉（あれば。分量外）を添える。

a

b

c

d

フレッシュフルーツのおいしさを寒天の中に閉じ込めた、
和洋折衷のデザート。今回はメロンを使いましたが、
桃、プラム、いちじく、パイナップルなどでも。
使うフルーツによって味が違うから、どの季節にも登場します。

ハニーレモンフルーツ寒天

材料(15×15cmの流し缶1台分)

メロン　300g (正味)	
粉寒天　4g	
水　400㎖	
レモン果汁　大さじ2	
はちみつ　40g	
きび砂糖　30g	

下準備

★メロンは種とワタを取り、皮を除いて正味300g用意するが、種とワタの部分はざるに入れてスプーンの背でギューッと押して果汁をしぼる(a)。

1　メロンは小さめのひと口大に切る。

2　鍋に水と粉寒天を入れ、泡立て器で混ぜながら中火にかけ、沸騰してきたら弱火にし、混ぜながら2〜3分煮立てる。

3　しぼっておいたメロン果汁、レモン果汁、はちみつ、きび砂糖を加え(b)、混ぜながら再び沸騰させ、火を止める。

4　水でぬらした流し缶をバットの上に置き、3が温かいうちに流し入れ(c)、メロンを入れる(d)。上に浮いた泡を取り除き、冷めたら冷蔵庫で冷やし固める。

5　流し缶から出し、食べやすい大きさに切り分ける。

a

b

c

d

黒糖ミント寒天

黒糖の風味と味、色を生かした、
シンプルデザート。ひと口頬張ると
スペアミントの甘くて爽やかな香り。
「LIKE LIKE KITCHEN」の定番です。

材料(容量200mlの器5個分)

粉寒天	4g
水	500ml
黒糖	80g
スペアミントの葉	30g

1 鍋に水100mlと粉寒天を入れて泡立て器で混ぜながら中火にかけ、沸騰してきたら弱火にし、混ぜながら2〜3分煮立てる。

2 水400ml、黒糖、ミントを加え、混ぜながら再び沸騰させ、火を止める。

3 ボウルの上にこし器を置き、**2**をスプーンの背で押しつけながらこす(**a**)。

4 器に流し入れ、冷めたら冷蔵庫で冷やし固める。食べるときにスペアミントの葉と黒糖各少々(ともに分量外)を飾る。

a

あんずシロップの牛乳かん

やさしい味わいの牛乳寒天と甘酸っぱいあんずシロップは好相性。
あんずのシロップ煮を作っておくと、
白玉だんごやみつ豆などにも使えて便利です。

材料(作りやすい分量)

粉寒天　5g

水　200㎖

牛乳　400㎖

グラニュー糖　4g

あんずのシロップ煮

　ドライあんず　10個

　水　500㎖

　グラニュー糖　65g

　クコの実　20粒くらい

下準備

＊牛乳は室温に戻す。

1　あんずのシロップ煮を作る。ドライあんずは半分に切り、湯でさっと洗って鍋に入れ、水、グラニュー糖を加えて沸騰するまで弱火にかける。途中あくを取り除く。火を止め、保存容器に移してクコの実を加え、冷蔵庫で一晩冷やす。

2　鍋に水と粉寒天を入れて泡立て器で混ぜる。中火にかけ、沸騰してきたら弱火にし、混ぜながら2〜3分煮立てる。

3　牛乳とグラニュー糖を加え、混ぜながら再び沸騰させ、火を止める。水でぬらしたバットに流し入れ、冷めたら冷蔵庫で冷やし固める。

4　3の牛乳かんが固まったら、1.5cm角に切り分けて器に入れ、あんずのシロップ煮をシロップごと加える。

ほうじ茶、こしあん、ドライフルーツの
取り合わせが絶妙。
ほうじ茶は濃いめに抽出すると
味のバランスがよくなります。
流し缶で四角く作ると切り分けやすく、
全員に均等にお出しできます。

ほうじ茶香る水ようかん

材料(15×15cmの流し缶1台分)

ほうじ茶(焙煎が強いもの)　20g

熱湯　300ml

粉寒天　3g

水　150ml

こしあん　250g

グラニュー糖　30g

塩　ひとつまみ

ドライあんず　5個

ドライいちじく　2個

下準備

★ドライあんずとドライいちじくは1cm
幅に切る。

1　ほうじ茶はビニール袋に入れて手でも
みほぐし(a)、大きな計量カップなどに入
れて熱湯を注ぎ、皿などでふたをして10分
ほど蒸らす(b)。

2　ボウルの上にこし器を置き、1をスプ
ーンの背などでギューッと押しつけながら
こす。

3　鍋に水と粉寒天を入れて泡立て器で混
ぜながら中火にかけ、沸騰してきたら弱火
にし、混ぜながら2〜3分煮立てる。

4　2のほうじ茶、グラニュー糖、こしあ
ん、塩を加え(c)、なめらかになるまで混ぜ、
混ぜながら再び沸騰させて火を止める。混
ぜながら粗熱を取る。

5　水でぬらした流し缶をバットの上に置
き、4を流し入れ、ドライフルーツをとこ
ろどころに入れる(d)。冷めたら冷蔵庫で
冷やし固める。

6　流し缶から出し、食べやすい大きさに
切り分ける。

a

b

c

d

愛犬SUNDAYは料理教室でも人気者。
お菓子にも目がないんです。

43

焼いておく
デザート

ベイクドスライスアップル

丸のまま焼くと時間がかかる、だったらスライスしてみよう。
そう思って作った焼きりんごがこちら。
冷蔵庫で冷やして食べるのが好きです。

材料(作りやすい分量)

りんご(ふじ)　2個

バター(食塩不使用)　20g

レーズン　大さじ1½

ラム酒　大さじ1½

グラニュー糖　大さじ2

バニラアイスクリーム(市販)　適量

下準備

★レーズンはラム酒に10～15分つける。
★オーブンは180℃に予熱する。

1　りんごは洗って皮つきのまま縦半分に切り、種と芯をスプーンでくり抜き(a)、5mm厚さに切る。

2　バットや耐熱容器の底面にバター(分量外)を薄くぬり、りんごを少しずらしながら並べ入れる。

3　バターを小さく切ってところどころにのせ、レーズンをラム酒ごとのせる(b)。

4　全体にグラニュー糖をふり(c)、アルミホイルをかぶせて天板にのせ、180℃のオーブンで20～25分焼く。アルミホイルをはずし、さらに20～25分焼く。

5　オーブンから取り出し(d)、再びアルミホイルをかぶせて粗熱を取り、冷蔵庫で3時間以上冷やす。

6　適量ずつ器に盛り、アイスクリームを添える。

a　　b　　c　　d

いちごにカスタードソースをかけてオーブンで焼き上げた、卵の
やさしい甘さを感じるデザート。冷やしてもおいしいのが魅力です。

いちごのクラフティ

材料(15×20×高さ4cmの耐熱容器1台分)

いちご　200g

グラニュー糖　大さじ1

カスタードソース

　薄力粉　50g

　グラニュー糖　50g

　塩　ひとつまみ

　卵　2個

　牛乳　250ml

　バター(食塩不使用)　20g

下準備

★卵はときほぐす。

★バターは小鍋などに入れ、湯せんにかけてとかし、粗熱を取る。

★オーブンは180℃に予熱する。

1　いちごはヘタを取り、大きければ縦半分に切り、ボウルに入れる。グラニュー糖をからめる。

2　カスタードソースを作る。ボウルに薄力粉を入れ、グラニュー糖、塩を入れ、泡立て器で混ぜる。粉の中央にとき卵を入れ、周りの粉になじませながら混ぜていき(a)、むらなく混ぜ合わせる。

3　牛乳を少しずつ加えて溶きのばし(b)、ある程度加えてなじんだら、残りの牛乳を入れてよく混ぜる。とかしバターを加えて混ぜる。

4　型にバター(分量外)を薄くぬり、いちごを入れ、**3**のカスタードソースを注ぎ入れる(c)。

5　天板にのせ、180℃のオーブンで全体がふくらんで少し色づくくらいまで30〜35分焼く。粗熱を取って、冷蔵庫でしっかり冷やす。

6　好きな大きさに切り分けて器に盛る。

a

b

c

型なしぶどうパイ

材料(直径約20cm 1台分)

生地

強力粉　80g

全粒粉　20g

塩　ひとつまみ

バター(食塩不使用)　60g

冷水　大さじ3

ぶどう(皮ごと食べられる、色の違うもの2〜3種)
230〜250g

バター(食塩不使用)　20g

グラニュー糖　適量

タイムの葉　3〜4本分

下準備

★強力粉と全粒粉は合わせてふるい、冷蔵庫で冷やす。

★生地に使うバターは1cm角に切り、使うまで冷蔵庫に入れる。

1　生地を作る。ボウルに強力粉と全粒粉、塩を入れてフォークで混ぜ、バターを加え、カード2枚でバターを刻みながら粉と合わせる(a)。バターが細かくなったら、指先ですり混ぜながらサラサラの状態にする(b)。

2　冷水を2回に分けて加え、その都度フォークでさっくりと混ぜる。指でつまむようにして生地をつなぎ合わせてかたまりを作り、2〜3回折りたたんで一つにまとめる。ラップに包み、冷蔵庫で約1時間休ませる。

3　ぶどうは大きめのものは半分に切る。バターは小鍋などに入れ、湯せんにかけてとかす。オーブンを200℃に予熱する。

4　2の生地を冷蔵庫から出し、打ち粉(分量外)をしたオーブンシートの上にのせ、めん棒で直径25cm程度に丸くのばし、全体

にフォークで穴をあけ、グラニュー糖大さじ½をふる。

5　生地の縁から4〜5cm内側にぶどうを円形に並べ、その内側にぶどうを敷き詰める(c)。縁の生地をひだを寄せながら内側に折りたたみ、ぶどうにかぶせる(d)。

6　5をオーブンシートごと天板にのせ、3のとかしバターを生地とぶどうにぬり、グラニュー糖大さじ1½を全体にふる。200℃のオーブンで15分焼き、180℃に下げて40〜45分、生地が香ばしくきつね色になるまで焼く。

7　熱いうちにグラニュー糖大さじ1をぶどうにふり、タイムの葉を散らす。

a

b

c

d

全粒粉入りの生地はサクッ、
焼き色がしっかりついたところはカリッ。
ぶどうをたっぷりのせて焼き上げます。
型がいらないから気楽です。

りんごのケーキ

材料(直径18cmの丸型・底取れタイプ1台分)

生地

卵　2個	
グラニュー糖　50g	
きび砂糖　50g	
塩　ひとつまみ	
アーモンドパウダー　50g	
牛乳　30ml	
薄力粉　100g	
ベーキングパウダー　小さじ1½	
バター(食塩不使用)　100g	

りんご　2個

レーズン　大さじ1

ラム酒　大さじ1

きび砂糖　大さじ1

粉糖　適量

ホイップクリーム(25ページ参照)　適量

下準備

✻バターは小鍋などに入れ、湯せんにかけてとかし、粗熱を取る。

✻型にオーブンシートを敷く。

✻オーブンは170℃に予熱する。

1　りんごは縦八つ割りにして種と芯を取り除き、4等分に切る。ボウルに入れ、レーズンとラム酒を合わせて加え、混ぜる。

2　生地を作る。ボウルに卵を割り入れてハンドミキサーでときほぐし、グラニュー糖、きび砂糖を加えて白っぽくなるまでよく混ぜる(a)。

3　塩、アーモンドパウダー、牛乳を加えてさらに混ぜ、薄力粉とベーキングパウダーを合わせてふるい入れ、むらなく混ぜる。とかしバターを3回に分けて加え、その都度よく混ぜる(b)。

4　1のりんごにきび砂糖を加えてからめる(c)。型に3の生地を流し入れ、りんごをのせる(d)。

5　天板にのせ、170℃のオーブンで60分ほど焼く。表面の水分が飛んで、竹串を刺して何もついてこなければ焼き上がり。

6　粗熱が取れたら型から出し、乾燥しないように保存袋に入れて冷ます。食べるときに茶こしで粉糖をふる。切り分けて器に盛り、ホイップクリームを添える。

a

b

c

d

いつ食べても飽きない、また食べたくなる、
みんなの好きな定番デザート。
焼き上がったらしっかり冷ますのがおすすめ。
しっとり感が出ます。

レモンとタイムのマドレーヌ

材料(マドレーヌ型8個分)

卵　1個	
グラニュー糖　50g	
薄力粉　50g	
ベーキングパウダー　小さじ½	
バター(食塩不使用)　60g	
レモンの皮(黄色い部分のみ)　½個分	
タイム　7〜8本	

下準備

★バターは小鍋などに入れ、湯せんにかけてとかし、粗熱を取る。

★型に薄くバター(食塩不使用。分量外)をぬり、薄力粉(分量外)をふって余分な粉を落とし、冷蔵庫で冷やす。

★オーブンは180℃に予熱する。

1　レモンの皮はみじん切りにする。タイムは軸から葉だけを摘み取る。

2　ボウルに卵を割り入れてハンドミキサーでときほぐし、グラニュー糖とレモンの皮を加え(a)、すり混ぜる。

3　薄力粉とベーキングパウダーをふるい入れて混ぜ、とかしバターを4〜5回に分けて加え、その都度よく混ぜる(b)。

4　タイムを加えてゴムべらでむらなく混ぜる(c)。

5　型の8分目までスプーンを使って入れ(d)、室温(日の当たらない場所)で15分ほど休ませる。

6　天板にのせ、180℃のオーブンで15分焼く。型から出して冷ます。

a

b

c

d

レモンとタイムの
清々しい香りで、
ワンランク上のおいしさ。
ライトな食べ心地だから、
洋風料理のデザートに
喜ばれます。生地を少し
休ませてから焼くと、
真ん中がふっくらと
焼き上がります。

粗びきのセモリナ粉を使ったケーキはモチッとしていながらも
歯切れがいいのが特徴。
ほんのりオレンジ風味に焼き上げて、生地のおいしさを楽しみます。
旅先のモスクワの料理学校で習ったお菓子で、
煮込み料理のあとにおすすめ。

セモリナ粉のケーキ

材料(直径18cmの丸型・底取れタイプ1台分)

卵　1個

グラニュー糖　100g

ヨーグルト(無糖)　100g

生クリーム(乳脂肪分45%)　30㎖

デュラム・セモリナ粉　100g

薄力粉　100g

ベーキングパウダー　小さじ1強

塩　ひとつまみ

オレンジの皮　1個分

バター(食塩不使用)　70g

粉糖　適量

好みのジャム　適量

下準備

＊卵は室温に戻す。

＊バターは小鍋などに入れ、湯せんにかけてとかし、粗熱を取る。

＊オーブンシートを水でぬらしてくしゃくしゃにして型に敷く(56ページa参照)。

＊オーブンは180℃に予熱する。

1　ボウルに卵を割り入れてグラニュー糖を加え、ハンドミキサーで白っぽくなるまで泡立て、ヨーグルトと生クリームを加えて混ぜ合わせる(a)。

2　セモリナ粉を加えて混ぜる(b)。

3　薄力粉とベーキングパウダーを合わせてふるい入れ、塩を加え、オレンジの皮をすりおろしながら加え(c)、粉気がなくなるまで混ぜる。

4　とかしバターを2～3回に分けて加え、その都度なじむように混ぜる。

5　型に入れてならし(d)、天板にのせ、180℃のオーブンで35分、表面全体が色づくまで焼く。

6　粗熱が取れたら、乾燥しないように保存袋に入れて冷ます。食べるときに茶こしで粉糖をふり、切り分けてジャムを添える。

a

b

c

d

ベイクドチーズケーキ

材料（直径15cmの丸型・底取れタイプ１台分）

クリームチーズ	200g
グラニュー糖	65g
塩	ひとつまみ
卵	2個
薄力粉	10g
生クリーム（乳脂肪分45%）	100mℓ
レモン果汁	小さじ1

下準備

★クリームチーズは室温に戻す。
★卵はときほぐす。
★オーブンシートを水でぬらしてくしゃくしゃにして型に敷く（a）。
★オーブンは220℃に予熱する。

1 ボウルにクリームチーズとグラニュー糖、塩を入れ、ハンドミキサーでなめらかになるまで混ぜる（b）。

2 とき卵を2〜3回に分けて加え、その都度1分くらいしっかりと混ぜる。

3 薄力粉をふるい入れて粉気がなくなるまで混ぜ、生クリームを加えて混ぜ（c）、レモン果汁を加えてさらに混ぜる。

4 型に流し入れ（d）、天板にのせ、220℃のオーブンで20〜25分、焼き色が全体につくまで焼く。

5 粗熱が取れたら型から出して冷まし、冷蔵庫で3時間以上冷やす。

a

b

c

d

材料を次々に混ぜて、あとは焼くだけの簡単レシピ。
焼き上がりは中心がやわらかくても大丈夫、冷やすことでおいしさが完成します。

ビターチョコレートとバターのコク、アマレットの香り……と、リッチテイスト。
薄力粉は使わず、アーモンドパウダーを入れてしっとりと焼き上げます。

アーモンドチョコレートケーキ

材料(18×8×高さ8cmのパウンド型1台分)

製菓用チョコレート(ビター。カカオ分70%)
　　80g

バター(食塩不使用)　80g

塩　ひとつまみ

アマレット(リキュール)　大さじ1½〜2

卵　3個

グラニュー糖　80g

ココアパウダー(無糖)　15g

アーモンドパウダー　50g

アーモンドスライス　10g

粉糖　適量

ホイップクリーム(25ページ参照)　適量

下準備

★卵は室温に戻す。

★チョコレートは、タブレットのものはそのまま、板状のものは刻む。

★型にオーブンシートを敷く。

★オーブンは180℃に予熱する。

1　小鍋にチョコレートとバターを入れて湯せんでとかし、塩とアマレットを加えて混ぜる(a)。

2　ボウルに卵を割り入れてグラニュー糖を加え、ハンドミキサーで白っぽくもったりしてくるまで4〜5分混ぜる。

3　ココアパウダー、アーモンドパウダーを加え(b)、よく混ぜる。

4　1を2〜3回に分けて加え、混ぜ合わせる(c)。

5　型に流し入れてならし、アーモンドスライスをのせる。天板にのせ(d)、180℃のオーブンで30〜40分焼く。

6　粗熱が取れたら型から出し、冷めたら保存袋に入れる。食べるときに茶こしで粉糖をふり、切り分けてホイップクリームを添える。

a

b

c

d

黒こしょうとピンクペッパーを効かせて、ピリッとスパイシーに。
バターの代わりの油脂分を生クリームにすると手順が楽、そして
バターのスコーンよりも軽い仕上がりになるので、デザートにもおすすめです。

こしょうといちじくのスコーン

材料（6個分）

薄力粉　100g

ベーキングパウダー　小さじ1½

塩　小さじ½

粗びき黒こしょう　小さじ1弱

ピンクペッパー　小さじ½

ブラウンシュガー　25g

パルミジャーノ・レッジャーノ　10g

セミドライいちじく（白）　4個

生クリーム（乳脂肪分45%）　100㎖

下準備

✳薄力粉、ベーキングパウダー、塩、粗びき黒こしょう、ピンクペッパー、ブラウンシュガーは冷蔵庫で冷やす。

✳パルミジャーノ・レッジャーノはすりおろす。

✳ドライいちじくは1.5cm角に切る。

1　ボウルに薄力粉、ベーキングパウダー、塩、粗びき黒こしょう、ピンクペッパー、ブラウンシュガー、パルミジャーノ・レッジャーノを入れ、フォークでくるくると混ぜて均一にする。いちじくを加えてよく混ぜる。

2　生クリームを2回に分けて加え（a）、その都度フォークでさっくりと混ぜる。2回目は粉っぽいところを目がけて加えるようにする。

3　カードで刻むようにしながら混ぜていき、そぼろ状になったら半分すくって重ねては手で軽く押さえ（b）、これを数回繰り返して一つにまとめる。こねすぎないようにする。

4　ざっと形を整えてラップで包み（c）、冷蔵庫で1時間以上休ませる。その間にオーブンを180℃に予熱する。

5　4の生地を2.5〜3cm厚さにのばし、丸く形を整え、放射状に6等分に切る（d）。オーブンシートを敷いた天板に間隔をあけて並べ、180℃のオーブンで20〜25分、表面が香ばしくなるまで焼く。

a

b

c

d

シナモンクッキー

表面はカリッ、中はアーモンドパウダーでザクッ、シナモンの香り。
めん棒でのばしたり型で抜いたりしないから、思い立ったらすぐに作れます。

材料(16枚分)

薄力粉　70g	
アーモンドパウダー　30g	
グラニュー糖　50g	
塩　小さじ½	
シナモンパウダー　小さじ1	
バター(食塩不使用)　60g	

下準備

★バターは小鍋などに入れ、湯せんにかけてとかし、粗熱を取る。

★オーブンは180℃に予熱する。

1　ボウルに薄力粉とアーモンドパウダーを合わせてふるい入れ、グラニュー糖、塩、シナモンパウダーを加え(a)、フォークで混ぜて均一にする。

2　とかしバターを少しずつ加え(b)、粉気がなくなるまでさっくり混ぜる(c)。

3　16等分にしてそれぞれ丸め、オーブンシートを敷いた天板に並べる。フォークの背で押して広げ、模様をつける(d)。

4　180℃のオーブンで15分ほど焼き、天板にのせたまま冷ます。焼き上がりは少しやわらかいが、冷めるとカリッとする。

a

b

c

d

温かい
デザート

バナナ入りの
チョコカスタードクリームを
パエリアパンに入れて焼き上げた、
なめらかな舌ざわりのデザート。
仕上げにのせたピスタチオが
アクセントです。

チョコバナナプディング

材料(直径21×高さ3cmの耐熱容器1台分)

バター(食塩不使用)　50g

製菓用チョコレート(ビター。カカオ分70%)
　50g

バナナ　2本

グラニュー糖　50g

ココアパウダー(無糖)　大さじ1

卵　2個

牛乳　50mℓ

ピスタチオ　適量

下準備

＊チョコレートは、タブレットのものは
そのまま、板状のものは刻む。

＊卵はときほぐす。

＊ピスタチオは殻から取り出して細かく
刻む。

＊耐熱容器にバター(食塩不使用。分量
外)をぬる。

＊オーブンは180℃に予熱する。

1　小鍋にバターとチョコレートを入れて
湯せんにかけてとかす(a)。

2　バナナは皮をむいて適当な大きさに切
ってボウルに入れ、ハンドミキサーの羽根
で軽くつぶし、スイッチを入れて細かくな
るまでつぶす。グラニュー糖を加えてさら
に混ぜる(b)。

3　ココアパウダー、**1**の順に加えてよく
混ぜ、とき卵を2回に分けて加え、その都
度混ぜる(c)。牛乳を加えて混ぜる。

4　耐熱容器に流し入れ(d)、天板にのせ、
180℃のオーブンで20分ほど焼く。焼き上
がったらピスタチオを散らし、熱いうちに
取り分けていただく。

a

b

c

d

フルーツにクッキー生地をのせて焼き上げた
お菓子がコブラー。
クッキー生地は通常はめん棒でのばして使いますが、
私は手でちぎって
丸く平らにしてのせるラフなスタイル。
今日はブルーベリーと組み合わせます。

ブルーベリーのコブラー

材料(容量600mℓの楕円の耐熱容器1台分)

生地

- 薄力粉　150g
- アーモンドパウダー　30g
- ベーキングパウダー　小さじ1½
- きび砂糖　大さじ3
- 塩　ひとつまみ
- バター(食塩不使用)　20g
- 生クリーム(乳脂肪分45%)　150mℓ

ブルーベリー　300g

レモン果汁　小さじ1

グラニュー糖　大さじ1

下準備

✽バターは小鍋などに入れ、湯せんにかけてとかし、粗熱を取る。

✽耐熱容器にバター(食塩不使用。分量外)を薄くぬる。

✽オーブンは180℃に予熱する。

1　ボウルにブルーベリーを入れ、レモン果汁、グラニュー糖を加えて混ぜ(a)、耐熱容器に入れる。

2　生地を作る。ボウルに薄力粉、アーモンドパウダー、ベーキングパウダーを合わせて入れ、きび砂糖、塩を加え、フォークでよく混ぜる(b)。

3　とかしバターを加えてカードで切り混ぜ、生クリームを2回に分けて加え、その都度カードで切り混ぜ、ざっくりと一つにまとめる(c)。

4　適当な大きさに分け、丸めて軽くつぶして1.5～2cm厚さにし、1のブルーベリーの上にのせる。すき間ができたらそのサイズに合わせてのせる(d)。

5　天板にのせ、180℃のオーブンで30分ほど焼く。焼き上がったら、熱いうちに取り分けていただく。

a　　　　　b　　　　　c　　　　　d

ジンジャードーナッツ

ベーキングパウダーでふくらます、さっくりした食感のケーキドーナッツ。
しょうがのさわやかな香りとピリッとした快い刺激がポイントです。

材料（10個分）

卵　1個

グラニュー糖　70g

牛乳　45mℓ

レモン果汁　小さじ1

バター（食塩不使用）　30g

薄力粉　200g

ベーキングパウダー　小さじ1½

しょうがのすりおろし　30g

揚げ油（米油）　適量

仕上げ用グラニュー糖　適量

下準備

★バターは小鍋などに入れ、湯せんにかけてとかし、粗熱を取る。

1　ボウルに卵とグラニュー糖を入れて泡立て器で白っぽくなるまでよく混ぜ、牛乳、レモン果汁の順に加えてさらに混ぜ、とかしバターを入れてよく混ぜる。

2　薄力粉とベーキングパウダーを合わせてふるい入れ、しょうがを加え（a）、ゴムべらでさっくりと混ぜる。一つにまとまったらラップをし、10分ほど休ませる。

3　手に打ち粉（分量外）をし、2の生地を10等分にして丸め、打ち粉（分量外）をしたバットなどに並べる。真ん中に穴をあけてドーナッツ形に整える（b）。揚げるとふくらむので、穴は大きめにあける。

4　揚げ油を中温（160〜170℃）に熱し、3を入れる。上下を返しながら、おいしそうな揚げ色がつくまで3〜4分揚げる（c）。

5　網にのせて油をきり、熱いうちに仕上げ用グラニュー糖をまぶす。

a

b

c

d

白玉生地でマーマレードとナッツを包み、ゆでずにそのまま揚げます。
揚げたては表面サクッ、中はもっちり。クセになるおいしさ。
中華メニュー、エスニックメニュー、和風メニューにも合います。

揚げ白玉ナッツ

材料(12個分)

白玉粉	130g
米粉	20g
グラニュー糖	30g
水	約120mℓ
オレンジマーマレード	適量
ミックスナッツ	40g
揚げ油(米油)	適量
シナモンパウダー	少々

下準備

★ミックスナッツは粗みじん切りにする。

1　ボウルに白玉粉、米粉、グラニュー糖を入れて混ぜ、水を少しずつ加えながら手でよくこね、耳たぶより少しかためになるように練る(a)。気温や湿度などによって加える水の量が変わるので、水は最初から全量入れず、手でこねながらかたさを確認する。

2　12等分にしてそれぞれ丸め、ラップを敷いたバットなどに並べる(b)。

3　2を平たくし、オレンジマーマレード小さじ½とナッツ適量をのせて包み(c)、丸く形を整える。

4　揚げ油を低温(140℃)に熱し、3を入れ(d)、転がしながら、おいしそうな揚げ色がつくまで2〜3分揚げる。

5　網にのせて油をきり、熱いうちにシナモンパウダーをふる。

a

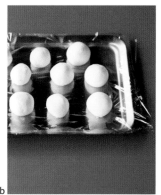

b

c

d

杏仁風味のマーラーカオ

材料(直径15cmの丸型1台分)

卵　3個

きび砂糖　50g

杏仁霜(きょうにんそう)　大さじ3

牛乳　50㎖

米油　大さじ4

薄力粉　100g

ベーキングパウダー　小さじ2

クコの実　15g

ホイップクリーム(25ページ参照)　適量

下準備

★オーブンシートを水でぬらしてくしゃくしゃにして型に敷く(56ページa参照)。

1　ボウルに卵を割り入れてハンドミキサーでときほぐし、きび砂糖を加えて白っぽくなるまで混ぜる。

2　杏仁霜を加え(a)、牛乳、米油を加え、さらに1分ほど混ぜる。

3　薄力粉とベーキングパウダーを合わせてふるい入れ、クコの実の半量を加え、ゴムべらで粉気がなくなるまで混ぜる。

4　型に流し入れ(b)、残りのクコの実を散らす。

5　蒸気の上がったせいろに入れ、強火で35分ほど蒸す(c)。

6　蒸し上がったらせいろから出し、型から抜いてオーブンシートをはずす。切り分けて器に盛り、ホイップクリームを添える。

a

b

c

蒸したてふんわりのおいしさを味わえるのは
手作りならではの醍醐味。
杏仁の甘い香りを立たせたいので、
ここでは杏仁霜を使って作ります。

アレンジティーって楽しい

ほうじ茶
カモミールティー

ほうじ茶5g

＋カモミール（フラワー）5g

＋シナモンスティック1本

＋湯600㎖

★蒸らし時間2〜3分。

ミントグリーンティー

緑茶5g

＋スペアミント15g

＋湯600㎖

★蒸らし時間2〜3分。

この本で紹介しているデザートにもあるように、
黒糖とミント(38ページ 黒糖ミント寒天)、ほうじ茶とこしあん(40ページ ほうじ茶香る水ようかん)など、
2つの異なる味や香りを合わせて新しいおいしさを生み出すのが、「LIKE LIKE KITCHEN」の得意技。
お茶の時間を楽しむアレンジティーも試してみたいものばかり。

ブラックチャイティー

紅茶(オレンジペコやニルギリなど)5g

＋カルダモン(ホール)5〜6粒

＋クローブ5粒

＋黒こしょう5粒

＋しょうがの薄切り3〜4枚

＋湯600㎖

★蒸らし時間2〜3分。

ローズマリー
オレンジティー

紅茶(オレンジペコやニルギリなど)5g

＋ローズマリー1本

＋オレンジの薄切り1枚(半分に切る)

＋湯600㎖

★蒸らし時間2〜3分。

コボリ
Special

ノスタルジープリン

卵の味が際立つように卵黄の配合は多め、
カラメルソースはしっかり焦がして香ばしく。
湯せんでゆっくり火を通してなめらかに仕上げるのがポイントです。

材料(容量100㎖のプリン型5個分)

卵　2個

卵黄　2個分

グラニュー糖　60g

牛乳　300㎖

バニラオイル　少々

カラメルソース

　グラニュー糖　40g

　水　大さじ2

ホイップクリーム(25ページ参照)　適量

さくらんぼ(缶詰)　5粒

下準備

★型にバター(食塩不使用。分量外)を薄く
ぬる。

★オーブンは160℃に予熱する。

1　カラメルソースを作る。小鍋にグラニュー糖と水を入れて中火にかけ、沸騰して縁が色づきはじめたら、鍋を揺すりながら濃いカラメル色にする。火を止めてすぐに型に等分に流し入れ(a)、そのまま冷まして固める。

2　ボウルに卵と卵黄を入れて泡立て器でときほぐし、グラニュー糖を加えてすり混ぜる。

3　牛乳を鍋に入れて温めて2に加え、よく混ぜてグラニュー糖を溶かし、バニラオイルを加えてこす(b)。

4　カラメルの入った型をバットにのせ、3の卵液を流し入れる(c)。

5　天板にのせ、型の1/3〜1/2の高さまで湯を張り(d)、160℃のオーブンで15〜18分湯せん焼きにする。揺すったときに真ん中がほんの少し揺れるくらいでオーブンから出

し、余熱で火を通す。これでなめらかなプリンになる。

6　冷蔵庫で3時間以上冷やす。

7　型の周囲を指で軽く押し、底をさっと湯につけて器の上にひっくり返してふり、型からはずす。ホイップクリームを星口金をつけた絞り袋に入れて絞り出し、さくらんぼをのせる。

a

b

c

d

子どもの頃から慣れ親しんできた、懐かしのクレープがこちら。
スポンジケーキやカステラが日常的にあった洋菓子店ならではのおやつです。

コボリのクレープ

材料（8個分）

クレープ生地

- 薄力粉　75g
- 卵　2個
- グラニュー糖　40g
- バター（食塩不使用）　15g
- 牛乳　150㎖

バター（食塩不使用）　適量

ホイップクリーム（25ページ参照）　適量

カステラ　8切れ

いちご　8粒

下準備

★バターは小鍋などに入れ、湯せんにかけてとかし、粗熱を取る。

★牛乳は沸騰直前まで沸かし、粗熱を取る。

1　クレープ生地を作る。ボウルに卵を割り入れて泡立て器でときほぐし、グラニュー糖を加えて混ぜる。薄力粉をふるいながら加えて混ぜ、とかしバターを加えて乳化するまでしっかりと混ぜる。

2　牛乳を少しずつ加えて混ぜ合わせ、ボウルにラップをして30分くらいねかせる。

3　フライパンを熱してバター5g程度をとかして広げ、2の生地をお玉1杯分ほど（40〜50㎖）すくって流し入れ、フライパンを回しながら生地を広げる。

4　中火弱で焼き、表面の色が変わって空気が入り、縁が少し浮いてきたらひっくり返し（a）、さらに1分ほど焼く。焼き上がったら取り出し、同様にしてあと7枚焼く。

5　クレープの中央にホイップクリームをのせて（b）カステラをおき、左右、上下を中心に折りたたんで包む（c）。

6　とじ目を下にして器に盛り、ホイップクリームを星口金をつけた絞り袋に入れて絞り出し、いちごをのせる。

a

b

c

小さめ
シュークリーム

デザートとして楽しみたいなら、
いつもよりひと回り小さいサイズ。
シューはサクサクッ、
カスタードクリームはできたてのおいしさです。

材料(11〜12個分)

シュー　11〜12個(82ページ参照)

カスタードクリーム(83ページ参照)　適量

ホイップクリーム(25ページ参照)　適量

粉糖　適量

1　シューの上⅓のところを横に切る(a)。

2　カスタードクリームをスプーンで混ぜてなめらかにし、シューの下部に詰める(b)。

3　ホイップクリームを星口金をつけた絞り袋に入れ、たっぷりと絞り出す(c)。

4　シューの上部をのせ、粉糖を茶こしで軽くふる(d)。

シューを焼く

材料(11～12個分)

牛乳　50mℓ

水　50mℓ

バター(食塩不使用)　40g

グラニュー糖　小さじ¼

塩　少々

薄力粉　50g

卵　100g(約2個分)

下準備

★卵は室温に戻してときほぐす。

★バターは1cm角に切る。

★薄力粉はふるう。

★オーブンは190℃に予熱する。

1　鍋に牛乳、水、バター、グラニュー糖、塩を入れて強火にかけ、沸騰してバターがとけたら火からおろし、薄力粉を一気に加え、ゴムべらで素早く混ぜる(a)。

2　はじめは粉がぽろぽろしているが、しばらく混ぜるとひとかたまりになる(b)。

3　中火にかけ、焦がさないように練る。表面につやが出て鍋底に薄く膜が張ったら(c)、火からおろしてボウルに取り出す。

4　とき卵を8回に分けて少しずつ加え、その都度素早くゴムべらで切るようにすり合わせて完全に混ぜる(d)。

5　ゴムべらで生地を持ち上げたとき、三角形にたれ下がってからゆっくり落ちるくらいのかたさにする(e)。

6　5を丸口金をつけた絞り袋に入れ、オーブンシートを敷いた天板に直径4～5cm大に絞り出す(f)。

7　生地の表面をフォークの背でならし(g)、190℃のオーブンで25分焼き、180℃に下げて20分焼く。

8　しっかり焼き色がつくまで焼き、網にのせて粗熱を取る。完全に冷めたら重ねてもOK(h)。

a

b

c

d

e

f

g

h

カスタードクリームを作る

材料(作りやすい分量)

卵黄	3個分
グラニュー糖	60g
バニラオイル	数滴
薄力粉	25g
牛乳	300mℓ
バター(食塩不使用)	15g

下準備

★バターは室温に戻す。

1　ボウルに卵黄を入れて泡立て器でときほぐし、グラニュー糖を加えて白っぽくなるまで混ぜる(a)。均一になったらバニラオイルを入れて混ぜる。

2　薄力粉をふるい入れ、泡立て器で粉が飛び散らないように、素早くまんべんなく混ぜ合わせる(b)。

3　小鍋に牛乳を入れて温め、2に½量を入れて混ぜ合わせる。均一になったら残りを加え(c)、さらに混ぜ合わせる。

4　小鍋の上にざるをのせ、3をこしながら入れる(d)。

5　中火にかけ、泡立て器で絶えず混ぜながら、ふつふつとしてくるまで火を通す。しばらくするととろっと軽くなる(e)。

6　火を止めてバターを加え、混ぜながらとかす(f)。

7　鍋底を氷水に当て、ゴムべらで混ぜながら急冷し、粗熱を取る(g)。

8　バットに広げて入れ、表面にラップを密着させ、バットの上下に保冷剤を置いて冷やす(h)。使うまで冷蔵庫に入れる。

小堀紀代美 kobori kiyomi

料理家。実家は栃木の洋菓子店。おいしいもの好きが高じて世界各国を食べ歩き、2010年にカフェ「LIKE LIKE KITCHEN」を開店し、そこに通う常連客の「料理の作り方を教えてほしい」との声に応えて、料理教室「LIKE LIKE KITCHEN」をスタート。確実においしく作れるレシピにファンも多い。著書に『ライクライクキッチンの旅する味 予約のとれない料理教室レッスンノート』(主婦の友社)、『ごはんにかけておいしい ひとさライス』(西東社)などがある。
Instagram @likelikekitchen

調理アシスタント　藤田有早子
　　　　　　　　　高田智子
　　　　　　　　　室井陽子

ブックデザイン　若山嘉代子 L'espace
撮影　邑口京一郎
スタイリング　久保原惠理
DTP　佐藤尚美 L'espace
校閲　田中美穂
編集　松原京子
　　　浅井香織(文化出版局)

予約のとれない料理教室
ライクライクキッチンの食後のデザート

2023年9月21日　第1刷発行

著　者　小堀紀代美
発行者　清木孝悦
発行所　学校法人文化学園 文化出版局
　　　　〒151-8524　東京都渋谷区代々木3-22-1
　　　　電話03-3299-2565(編集)
　　　　　　　03-3299-2540(営業)
印刷所　凸版印刷株式会社
製本所　大口製本印刷株式会社

文化出版局のホームページ　https://books.bunka.ac.jp/

材料協力　富澤商店
https://tomiz.com/
電話 0570-001919